Créer une application

ANDROID

- Les principales fonctions utiles
- La monétisation
- La promotion

Dylan TEIXEIRA

BAD
APPS

Table des matières

INTRODUCTION

Le Google Play Store est la plateforme où nous publierons notre application, il vous permettra de rendre votre application à la portée de plus d'un milliard de smartphones dans le monde entier.

En 2013, le Play Store a généré plus de 2 milliards de dollars de revenus. **Pourquoi ne pas rejoindre la partie ?** Ce guide simple et illustré vous expliquera les démarches à suivre, de début à la fin, c'est-à-dire du téléchargement de l'Android Studio à la publication de votre application.

Ce livre enrichi vous apprend la base nécessaire à la création de toute application, mais n'oubliez pas qu'Android est en perpétuelle évolution, des nouveautés s'ajoutent à la liste tandis que certaines fonctions deviennent useless. N'oubliez pas la veille technologique, soyez toujours à jour.

Dans cette version enrichie nous allons apprendre des fonctions plus poussées, de l'usage des fonctions physiques du téléphone aux animations...

Cette version enrichie de notre livre contient également deux chapitres couvrant la majorité des moyens de monétisation et de promotion de votre application Android.

Bonne lecture !

Les bases
Android ? Késako ?

Qu'est-ce qu'Android ? – cette question est inévitable. La réponse elle, est très intéressante. Tout d'abord Android est un système d'exploitation, il est présent sur la majorité des smartphones au monde. En effet, **Android est le numéro 1 avec environ 80% des smartphones au monde équipé avec ce système !** Cela ne vous donne pas envie de concevoir vos propres applications ?

Android est un système d'exploitation open source basé sur Linux. Il fut créé par une startup rachetée en 2005 par Google.

Au commencement il était destiné aux smartphones, mais fût étendu à la technologie embarquée. On peut donc maintenant voir des télévisions Android, des autoradios, des montres, des voitures...

Vous connaissez sûrement ce logo, c'est BUGDROID, le logo d'Android.

Android comporte une machine virtuelle nommée Dalvik qui permet à l'utilisateur d'exécuter des programmes destinés à la plateforme JAVA.

C'est d'ailleurs le JAVA que nous allons apprendre pour développer nos applications. Si vous connaissez déjà le JAVA, tant mieux ! Sinon je vous conseille de commencer à apprendre quelques bases, histoire d'être à l'aise pour la suite.

Créer une application Android n'est pas une mince affaire si l'on n'a pas de connaissances ni de mode d'emploi. Dans ce livre nous apprendrons à comprendre le fonctionnement d'une application Android, à la créer, **à la rentabiliser** et à la publier sur le Google Play Store.

Comment fonctionne une application Android ?

Nous allons tout de suite poser les bases

Notre future application est constituée de plusieurs activités, reliées les unes aux autres.

Une activité, c'est une des « fenêtres » d'une application.

Nous allons, comme celle-ci, les créer une à une.

Chaque activité contient un fichier JAVA et un fichier XML (au minimum).

Par défaut la première activité s'appelle **MainActivity.java**, et son interface graphique **layout_main.xml**.

Ils servent respectivement au code JAVA et à l'interface graphique, et sont bien-sûr reliés. Par exemple lorsque nous créerons notre activité, nous placerons les éléments graphiques (texte, image, formulaires...) dans le fichier XML, et nous y accéderons dans le fichier JAVA en les déclarants.

Les activités peuvent avoir plusieurs états.

- L'état « **active** », ça signifie qu'elle est en premier plan.
- L'état « **suspendue** », ça signifie qu'elle est ouverte, mais qu'une fenêtré obstrue partiellement la vue de celle-ci.
- L'état « **arrêtée** », ça signifie qu'elle est fermée, elle peut être visible dans le gestionnaire des tâches.

Apprendre à utiliser Android Studio
L'installation

Nous allons avoir besoin de plusieurs choses :

- Le Java Développement Kit
- Android Studio
- Eventuellement un smartphone Android

Pour commencer, rendez-vous à cette adresse :
http://www.oracle.com/technetwork/java/javase/downloads/index.html

Téléchargez le JDK (JAVA Développement Kit), il est nécessaire au bon fonctionnement d'Android Studio.

Téléchargez et installez Android studio :
https://developer.android.com/sdk/index.html

Après l'installation, rendez-vous sur le SDK Manager *(Accueil d'Android Studio > Configure > SDK Manager)* et installez les différentes versions d'Android.

Le téléchargement et l'installation sont très longs et peuvent durer plusieurs heures !

L'interface & l'utilisation
La création de ma première application...

Rendez-vous sur le menu d'Android Studio puis cliquez sur *New Project*. Une fenêtre s'ouvre, choisissez un nom pour votre projet, puis un « Company Domain », vous devez le former comme une URL, voici un exemple : *monnom.monentreprise.fr,* cela formera avec le nom de votre application, le nom du package de votre application.

Cliquez sur suivant, vous pourrez choisir la version minimum nécessaire au terminal utilisant votre application. Vous pourrez également le rendre disponible sur les TV compatibles Android et les Smartwatch.

Cliquez une nouvelle fois sur suivant, cette étape vous permet de sélectionner l'activité principale de votre application, ou de ne pas en mettre. Pour débuter nous allons choisir « BlankActivity », c'est une activité vierge.

Suivant. Vous pouvez choisir le nom de votre activité principale, ainsi que son layout (le fameux fichier XML), pour l'instant ne modifiez rien.

Cliquez sur Finish, votre première application est créée !

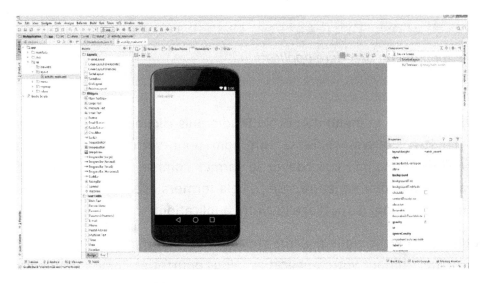

Voici l'interface graphique (le layout) de la page d'accueil de votre application.

La flèche verte vous permet de compiler votre application et de la démarrer en débogage.

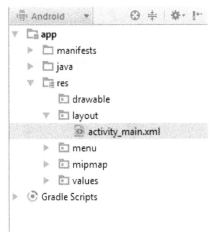

Voici la hiérarchie de votre projet, vous pourrez chercher ici certains fichiers. Les ressources sont dans le dossier « res », contenant les layout, les drawables (les images de votre projet) …

Voici la fenêtre principale, ici elle affiche l'interface graphique de votre activité, vous pouvez accéder au code de celui-ci via le bouton « text » en bas à gauche.

Cela peut être très utile pour modifier via le code et donc plus précisément votre layout.

Properties	? ↺ ▼
layout:width	match_parent
layout:height	match_parent
style	
accessibilityLiveRegion	
alpha	
background	
backgroundTint	
backgroundTintMode	
clickable	☐
contentDescription	
elevation	
focusable	☐
focusableInTouchMode	☐
▸ gravity	[]
id	
ignoreGravity	
importantForAccessibility	
labelFor	

Cette partie affiche les propriétés de l'élément que vous sélectionnez, vous pouvez essayer en sélectionnant le texte « hello world » vous pouvez modifier sa taille (entrez une variable dans le champ « size »).

Pour aligner différemment le texte, sélectionnez l'option « Gravity » et choisissez l'alignement que vous désirez.

18

Voici la liste de tous les éléments que vous pouvez placer dans votre layout, c'est un peu comme une boîte à outils vous présentant les options qui s'offrent à vous. Vous avez simplement à cliquer sur un élément et à le glisser dans la fenêtre.

Placez-le où vous voulez dans votre layout.

Layouts
- FrameLayout
- LinearLayout (Horizontal)
- LinearLayout (Vertical)
- TableLayout
- TableRow
- GridLayout
- RelativeLayout

Widgets
- Plain TextView
- Large Text
- Medium Text
- Small Text
- Button
- Small Button
- RadioButton
- CheckBox
- Switch
- ToggleButton
- ImageButton
- ImageView
- ProgressBar (Large)
- ProgressBar (Normal)
- ProgressBar (Small)
- ProgressBar (Horizontal)
- SeekBar
- RatingBar
- Spinner
- WebView

Text Fields
- Plain Text
- Person Name
- Password
- Password (Numeric)
- E-mail
- Phone
- Postal Address
- Multiline Text
- Time
- Date
- Number

19

Comment ça marche ?

Vous pouvez apercevoir dans la fenêtre « Component Tree » les éléments présents dans votre layout.

Nous pouvons donc voir que l'élément « RelativeLayout » contient le texte « Hello World ».

« RelativeLayout » est donc... votre layout ! Il prend toute la place de l'ecran et permet de d'organiser vos éléments comme vous le souhaitez. Vous pouvez le remplacer par un autre type, comme le LinearLayout. Vos éléments ne se placeront pas de la même façon, à vous de tester.

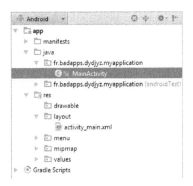

Ouvrez le fichier JAVA MainActivity.java

C'est ici que vous modifierez la partie « fonctionnelle » de votre application. Vous obtiendrez donc le code JAVA qui forme votre activité. Je vais tout vous expliquer.

```java
package fr.badapps.myapplication;
```
⟶ Déclaration de notre package.

```java
import android.support.v7.app.ActionBarActivity;
import android.os.Bundle;
import android.view.Menu;
import android.view.MenuItem;
```
Importation des classes nécessaires au bon fonctionnement de notre application.

```java
public class MainActivity extends ActionBarActivity {
```
⟶ Voici la classe « MainActivity », qui forme votre activité.

```java
    @Override
    protected void onCreate(Bundle savedInstanceState) {
        super.onCreate(savedInstanceState);
        setContentView(R.layout.activity_main);
    }
```
Voici notre méthode qui est appelée au lancement de l'activité.

```java
    @Override
    public boolean onCreateOptionsMenu(Menu menu) {

        getMenuInflater().inflate(R.menu.menu_main, menu);
        return true;
    }

    @Override
    public boolean onOptionsItemSelected(MenuItem item) {
        // Handle action bar item clicks here. The action bar will
        // automatically handle clicks on the Home/Up button, so long
        // as you specify a parent activity in AndroidManifest.xml.
        int id = item.getItemId();

        //noinspection SimplifiableIfStatement
        if (id == R.id.action_settings) {
            return true;
        }

        return super.onOptionsItemSelected(item);
    }
}
```
Supprimez ceci pour l'instant, nous n'en n'aurons pas besoin.

La compilation

Nous allons créer un telephone virtuel qui va s'executer sur notre ordinateur, pour pouvoir directement tester notre application.

Démarrer l'AVD (Android Virtual Device) puis cliquez sur « Create virtual device », vous pouvez ici choisir le modèle de téléphone que vous allez créer puis sa version d'Android. Je vous conseille de mettre la dernière version disponible.

Une fois le chargement effectué et votre AVD créé, appuyez sur le bouton pour compiler (la flèche verte). Après la compilation une liste des Terminaux disponible s'affichera, vous avez qu'à choisir le vôtre puis à lancer le programme.

/!\ L'AVD met beaucoup (vraiment beaucoup) de temps à démarrer, vous n'avez pas besoin de le fermer entre chaque essai, laissez le ouvert pour gagner du temps /!\

Je vous montrerai plus tard comment démarrer l'application en mode débogage directement depuis votre téléphone relié en USB ; cette technique permet de gagner considérablement du temps.

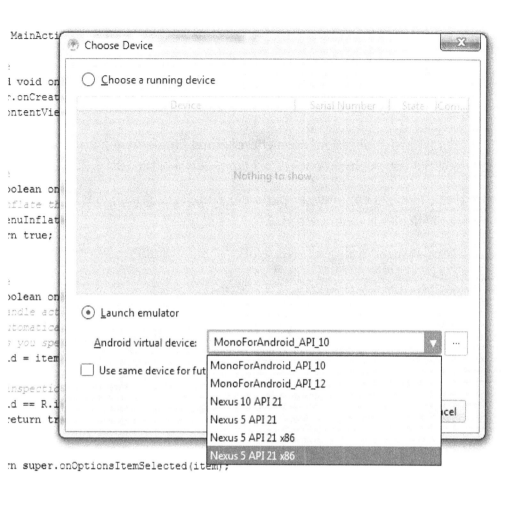

Votre « Hello World » s'affichera sur le terminal virtuel.

Débuter en programmation JAVA
Notre première application

Comme première application, nous chercherons simplement à afficher un formulaire qui vous demande votre prénom, puis à l'afficher !

Nous allons d'abord commencer par créer l'interface graphique. Rendez-vous dans le fichier layout_main.xml.

Nous allons centrer notre « Hello World », puis rajouter un champ de texte en dessous.

N'hésitez pas à étirer votre champ de texte de gauche à droite de l'écran.

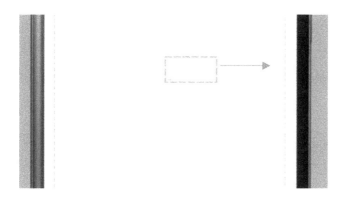

Double cliquez sur ce champ. Une fenêtre apparaît avec l'ID de celui-ci et le texte qu'il contient. L'ID sera très importante car elle permettra de récupérer la valeur qu'il contient depuis le script.

Nous allons également placer un bouton dessous le champ pour permettre de valider le formulaire. Glissez un « button » depuis les widgets. Double cliquez également dessus. Vous pouvez modifier le texte qu'il contient, moi j'ai mis « Valider ».

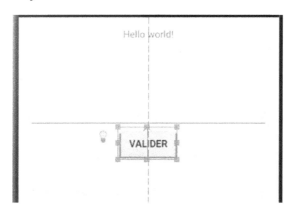

Allons maintenant dans le fichier MainActivity.java.

Nous allons commencer par déclarer notre texte, notre champ et notre bouton :

```
Button valider;
TextView Montexte;
EditText Champ;
```

Pourquoi ils s'affichent en rouge ? Tout simplement parce que les classes correspondant à ces éléments ne sont pas encore importées.

Il va donc falloir importer les classes pour ces 3 éléments :

```
import android.widget.Button;
import android.widget.EditText;
import android.widget.TextView;
```

ASTUCE : Pour importer automatiquement les classes pour chaque élément, sélectionnez l'élément (par exemple, cliquez sur « button ») puis faites la combinaison ALT+ENTREE et la classe sera automatiquement importée.

Nous allons maintenant « relier » les éléments que nous avons créés dans notre layout à ceux que nous avons définis dans le script :

```
Montexte = (TextView) findViewById(R.id.ENTREZ ICI L'ID DE VOTRE TEXTE);
valider = (Button) findViewById(R.id.ENTREZ ICI L'ID DE VOTRE BOUTON);
Champ = (EditText) findViewById(R.id.ENTREZ ICI L'ID DE VOTRE CHAMP);
```

```
import android.support.v7.app.ActionBarActivity;
import android.os.Bundle;
import android.view.Menu;
import android.view.MenuItem;
import android.widget.Button;
import android.widget.EditText;
import android.widget.TextView;

import org.w3c.dom.Text;


public class MainActivity extends ActionBarActivity {

    Button valider;
    TextView Montexte;
    EditText Champ;
    @Override
    protected void onCreate(Bundle savedInstanceState) {
        super.onCreate(savedInstanceState);
        setContentView(R.layout.activity_main);

        Montexte = (TextView) findViewById(R.id.textView); // afficher le calcul
        valider = (Button) findViewById(R.id.button);      // Bouton c'est parti
        Champ = (EditText) findViewById(R.id.editText);    // Bouton c'est parti

    }
}
```

Voici ce que ça devrait donner, je vous explique maintenant. Nous avons défini *Montexte*, valider et Champ, il faut maintenant les assigner à ceux de votre layout, pour pouvoir effectuer une action lorsque l'utilisateur interagit avec l'interface graphique.

Nous allons rajouter une ligne sous la déclaration du bouton :
valider.setOnClickListener(this);
C'est tout simplement pour le rendre cliquable.

Nous allons maintenant créer votre interaction. Retournez dans le layout et modifiez votre Hello World par « Entrez votre prénom ». Retournez dans le script, il va maintenant falloir rentre notre bouton utilisable.
Pour réagir lorsque l'utilisateur appuie sur le bouton, nous allons gérer un évènement, *un listener*. Vous allez rajouter dans la déclaration de la classe implements View.OnClickListener pour donner cela :

```
public class MainActivity extends ActionBarActivity implements
View.OnClickListener  {
```

Vous aurez un trait rouge dessous, c'est normal. Maintenant rajouter la fonction qui gère le click à la fin de votre script, avant la dernière accolade :

```
@Override
public void onClick(View v)  {

}
```

C'est dans cette fonction que nous gérerons l'évènement du click sur le bouton. Ajoutez une condition dans cette fonction :

```
@Override
public void onClick(View v) {
    if(v == valider) {
        // c'est ici que le click sur le bouton valider sera géré
    }
}
```

Qu'est-ce que nous voulons lors du click ? Le but est de récupérer la valeur du champ et de l'afficher à la place du texte au-dessus.

Nous allons créer dans notre condition une variable de type String (une chaîne de caractère). Dans laquelle nous mettrons le contenu du champ :

```
String TexteChamp = Champ.getText().toString();
```
Et nous l'afficherons à la place du texte :

```
Montexte.setText("Ton nom est " + TexteChamp + " !");
```

28

```
@Override
public void onClick(View v) {
    if(v == valider) {
        // c'est ici que le click sur le bouton valider sera géré
        String TexteChamp = Champ.getText().toString();
        Montexte.setText("Ton nom est " + TexteChamp + " !");
    }
}
```

Voici le code complet ainsi que le résultat.

C'est sûr, votre application n'est pour le moment pas très jolie mais utile, mais sachez qu'il existe de nombreuses possibilités pour l'embellir, et ce sans devoir dépenser des heures de temps en programmation ou en design !

Quelques exemples...

Tout d'abord, si vous voulez quelques exemples, vous pouvez vous aider de ceux de Google. Ils regroupent une grande partie des possibilités sur Android.

Essayez-en quelques-uns pour vous faire la main, on ne progresse qu'en s'exerçant ! Sachez tout de même, que la plupart de ces exemples est compliquée à comprendre en ayant peu de connaissances, mais n'hésitez surtout pas à en tester quelques-uns pour vous perfectionner !

Les images

Voici une petite introduction aux images.

Tout d'abord nous allons ajouter une image au projet, choisissez une image sur votre PC et copiez-la puis collez là dans le dossier « drawable ».

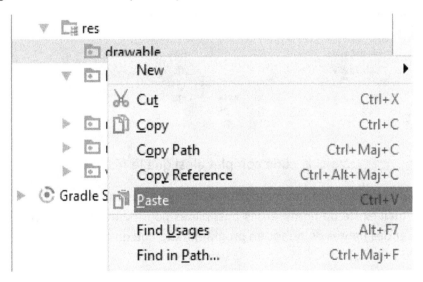

Nous allons maintenant pouvoir l'afficher dans notre layout. Glissez une « ImageView » dans votre layout puis double cliquez dessus. Dans « src », sélectionnez l'image que vous venez d'ajouter, normalement elle devrait être vers le bas de la liste.

Ensuite allez dans les propriétés de l'ImageView puis cochez la case « Ajust View Bounds », cela permet de retirer les marges créées par Android Studio, et ainsi vous aider à mieux placer votre image.

Nous allons maintenant voir comment la changer via le script, ajoutez une deuxième image dans le dossier drawable.

Nous allons tout d'abord définir notre image :

```
ImageView MonImage;
```

Puis nous allons relier l'image du layout à notre script :

```
MonImage = (ImageView) findViewById(R.id.ID_DE_MON_IMAGE);
```

Puis enfin nous allons modifier l'image lorsque l'utilisateur clique sur le bouton valider :

```
MonImage.setImageResource(R.drawable.Image2);
```

« Image2 » représente le nom de l'image que vous avez rajouté dans le dossier drawable, sans la racine.

Lorsque l'utilisateur clique sur le bouton valider, l'image 1 passe à l'image 2 !

Sachez également que vous pouvez rendre une image cliquable, comme un bouton. Il suffit de la traiter comme celui-ci en rajoutant Votre_Image.setOnClickListener(this); et en ajoutant son nom dans OnClick() comme cela :

```
public void onClick(View v) {

    if (v == Votre_Image) {
        // Votre action ici
}
```

Enfin, vous pouvez rendre une image invisible et la faire réapparaître grâce à ces fonctions :

Votre_Image.setVisibility(View.INVISIBLE) ;

Votre image devient invisible mais laisse l'espace qu'elle a créé.

Votre_Image.setVisibility(View.GONE) ;

Votre image devient invisible et l'espace qu'elle prenait est supprimé.

Votre_Image.setVisibility(View.VISIBLE) ;

Votre image réapparait.

Créer une application calculatrice

Nous allons maintenant créer notre première vraie application, ce sera une calculatrice permettant d'effectuer de opérations basiques (+ - x /).

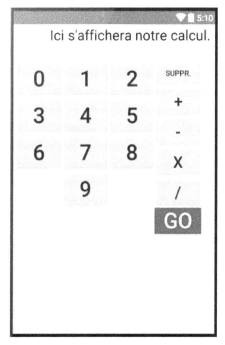

Ici nous allons créer notre interface graphique. Créez 10 boutons pour les chiffres de 0 à 9 ainsi que ceux pour les opérations (addition, soustraction, multiplication, division) ainsi qu'une touche entrée, une touche effacer et un TextView pour afficher les opérations.

J'ai donné comme ID aux boutons des chiffres « b0 », « b1 », « b2 », « b3 »...

Le bouton suppr. Aura comme ID « suppr ».

Les boutons d'opérations auront comme ID « op0 » à « op4 » de haut en bas.

Le bouton Go aura comme id « go ».

Je vous laisse placer tous les boutons et le TextView d'affichage des calculs !

Création des boutons

Nous allons maintenant passer à la partie du code.

Premièrement il va falloir déclarer tous nos boutons et le texte affichant les calculs.

```
text = (TextView) findViewById(R.id.textView);

b0 = (Button) findViewById(R.id.b0);
b1 = (Button) findViewById(R.id.b1);
b2 = (Button) findViewById(R.id.b2);
b3 = (Button) findViewById(R.id.b3);
b4 = (Button) findViewById(R.id.b4);
b5 = (Button) findViewById(R.id.b5);
b6 = (Button) findViewById(R.id.b6);
b7 = (Button) findViewById(R.id.b7);
b8 = (Button) findViewById(R.id.b8);
b9 = (Button) findViewById(R.id.b9);

op1 = (Button) findViewById(R.id.op1);
op2 = (Button) findViewById(R.id.op2);
op3 = (Button) findViewById(R.id.op3);
op4 = (Button) findViewById(R.id.op4);
suppr = (Button) findViewById(R.id.suppr);
go = (Button) findViewById(R.id.go);
```

Puis nous allons rendre ces boutons cliquables.

```
b0.setOnClickListener(this);
b1.setOnClickListener(this);
b2.setOnClickListener(this);
b3.setOnClickListener(this);
b4.setOnClickListener(this);
b5.setOnClickListener(this);
b6.setOnClickListener(this);
b7.setOnClickListener(this);
b8.setOnClickListener(this);
b9.setOnClickListener(this);

op1.setOnClickListener(this);
op2.setOnClickListener(this);
op3.setOnClickListener(this);
op4.setOnClickListener(this);
suppr.setOnClickListener(this);
go.setOnClickListener(this);

calcul = "";
```

N'oubliez pas de déclarer vos boutons et le TextView. Déclarez également une chaine de caractères au nom de calcul.

```
String calcul;
```

Ajoutez cela sous le public MainActivity.

Calcul des opérations

A chaque clique sur un chiffre, nous allons ajouter celui-ci dans la chaine de caractère « calcul », c'est la même chose pour les opérations. La chaine de caractère sera entièrement calculée lorsque l'utilisateur appuie sur Go grâce à la librairie **Exp4j.** Pour gérer les cliques, c'est la même chose que pour l'application précédente, il faut gérer ces évènements dans onClick().

```java
@Override
public void onClick(View v) {

    if(v == b0) { calcul = calcul + "0"; }
    else if(v == b1) { calcul = calcul + "1"; }
    else if(v == b2) { calcul = calcul + "2"; }
    else if(v == b3) { calcul = calcul + "3"; }
    else if(v == b4) { calcul = calcul + "4"; }
    else if(v == b5) { calcul = calcul + "5"; }
    else if(v == b6) { calcul = calcul + "6"; }
    else if(v == b7) { calcul = calcul + "7"; }
    else if(v == b8) { calcul = calcul + "8"; }
    else if(v == b9) { calcul = calcul + "9"; }

    else if(v == op1) { calcul = calcul + "+";

    }
    else if(v == op2) { calcul = calcul + "-";

    }
    else if(v == op3) { calcul = calcul + "*";

    }
    else if(v == op4) { calcul = calcul + "/";

    }
    else if(v == suppr) { calcul = ""; }

    text.setText(calcul);
    if(v == go) {
        Expression calc = new ExpressionBuilder(calcul).build();
        double result1=calc.evaluate();
        text.setText(""+result1);
    }

}
```

Je vous expliquerai la partie grisée après. Pour chaque bouton, nous ajoutons sa valeur à la fin de la chaine de caractère.

Au-dessus de la partie grisée (qui correspond au bouton Go), il y a text.setText(calcul); cela signifie que nous affichons le calcul en cours à l'ecran dans le TextView. Le bouton Go dans la partie grisée est séparé des autres, car il agit différemment. Il calcule la chaîne de caractère « calcul » puis l'affiche dans le TextView.

Pour cela j'ai donc utilisé la librairie Exp4J, voilà comment l'installer : File > Project Structure > app > Dependencie.

Cliquez sur le +, sélectionnez Library Dependencies puis entrez Exp4j et sélectionnez le premier lien. Enregistrez, Android Studio l'installera lui-même.

```
Expression calc = new ExpressionBuilder(calcul).build();
double result1=calc.evaluate();
text.setText(""+result1);
```

Nous calculons donc la chaîne de caractère « calcul » puis nous l'affichons dans le TextView.

Pourquoi ""+result1 pour afficher le resultat ? Tout simplement car nous devons afficher une chaine de caractère et non un integer dans le TextView, cela permet donc d'afficher une chaîne de caractère sans forcément devoir transformer notre integer en chaîne de caractère, disons que c'est une petite astuce pour gagner du temps.

Votre calculatrice devrait maintenant fonctionner correctement, nous allons voir comment l'enrichir.

Un grand avantage avec cette librairie, c'est qu'elle gère des calculs avancés. Nous pouvons donc rajouter des boutons avec des parenthèses, des puissances… De quoi faire une calculatrice fonctionnelle et puissante ! J'ai donc rajouté ce code pour les parenthèses et je les ai créées dans le layout.

```
par1 = (Button) findViewById(R.id.par1);
par2 = (Button) findViewById(R.id.par2);
par1.setOnClickListener(this);
par2.setOnClickListener(this);

else if(v == par1) {
    calcul = calcul + "(";
}
else if(v == par2) {
    calcul = calcul + ")";
}
```

Etudions quelques fonctions utiles
Retirer l'ActionBar de notre application

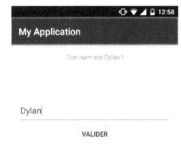

Qu'est-ce que l'Action Bar ?

L'action bar c'est tout simplement la barre en haut de l'application, qui contient son nom, on peut également y rajouter des icônes tels que celui des paramètres.

Voici comment la retirer :

Tout d'abord nous récupérons la version d'Android du terminal qui démarre l'application. Pourquoi cela ? Parce que notre fonction ne fonctionne qu'à partir de la version 11 du SDK Android.

Nous récupérons l'actionBar de l'activité et nous la cachons, c'est aussi simple que ça.

```
int sdkVersion = android.os.Build.VERSION.SDK_INT;
if(sdkVersion >= 11) {
    ActionBar actionBar = getActionBar();
    actionBar.hide();
}
```

Rendez-vous sur votre layout puis cliquez sur ce bouton :

Il vous permet de sélectionner un thème pour votre application, choisissez-en un qui contient dans le nom « NoActionBar ».

Pour terminer, rendez-vous à nouveau sur le code, et remplacez

```
public class MainActivity extends ActionBarActivity
implements View.OnClickListener  {
```

- Par -

```
public class MainActivity extends Activity implements
View.OnClickListener  {
```

Votre ActionBar n'est maintenant plus visible.

Créer une Web-application

Certainement une des façons les plus simple pour transposer un site web en une application Android, encore faut-il que votre site dispose d'une version mobile. Cependant cette méthode à des limites, l'application ne fonctionnerai bien évidemment que si le terminal est relié à internet.

Premièrement créons un nouveau projet. Rendons-nous sur notre layout principal puis créez un WebView (dans le menu à gauche) et étirez-le sur toute la surface.

Nous allons maintenant dans notre fichier JAVA et nous déclarons notre WebView :

```
private WebView webView;
```

Relions-le maintenant à notre layout :

```
webView = (WebView) findViewById(R.id.webView);
```

Pour terminer nous allons activer le javascript sur notre WebView puis charger une page web :

```
webView.getSettings().setJavaScriptEnabled(true);
webView.loadUrl("http://www.google.fr");
```

Une dernière chose !

Rendons-nous dans le dossier Manifests puis dans le fichier AndroidManifest.xml.

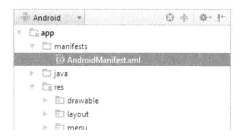

Nous allons donner l'autorisation à notre application pour accéder à internet :

```
<uses-permission android:name="android.permission.INTERNET"
/>
<uses-permission
android:name="android.permission.ACCESS_NETWORK_STATE" />
```

```xml
<?xml version="1.0" encoding="utf-8"?>
<manifest xmlns:android="http://schemas.android.com/apk/res/android"
    package="fr.tutoriel.monapplication" >

    <uses-permission android:name="android.permission.INTERNET" />
    <uses-permission android:name="android.permission.ACCESS_NETWORK_STATE" />

    <application
        android:allowBackup="true"
        android:icon="@mipmap/ic_launcher"
```

Votre application pourra maintenant accéder à internet pour afficher notre page web !

A quoi sert le fichier Manifest d'ailleurs ?
C'est ici que nous déclarons les permissions que demandera l'application, mais aussi toutes vous activités ainsi que certains paramètres pour celui-ci. Vous pouvez, par exemple rendre votre activité seulement visible en mode paysage ou portrait, voici comment faire :

Il faut ajouter le paramètre android :screenOrientation="portrait" ou landscape pour paysage.

```xml
<activity
    android:name=".MainActivity"
    android:label="@string/app_name"
    android:screenOrientation="portrait">
    <intent-filter>
        <action android:name="android.intent.action.MAIN"
/>

        <category
android:name="android.intent.category.LAUNCHER" />
    </intent-filter>
</activity>
```

Débogage directement sur un téléphone

Jusqu'à maintenant nous utilisions l'Android Virtual Device (AVD) pour tester nos applications, mais si vous disposez d'un terminal android et d'un cable USB, vous pouvez faire les essais directement sur votre terminal ! A quoi ça sert ? À gagner du temps tout simplement, votre terminal sera + rapide que l'AVD qui doit en simuler un...

Le débogage sur un terminal physique n'est pas compatible avec tous les terminaux !

Tout d'abord, rendez-vous sur le site ADB Driver : http://adbdriver.com/ et téléchargez le driver puis installez-le.

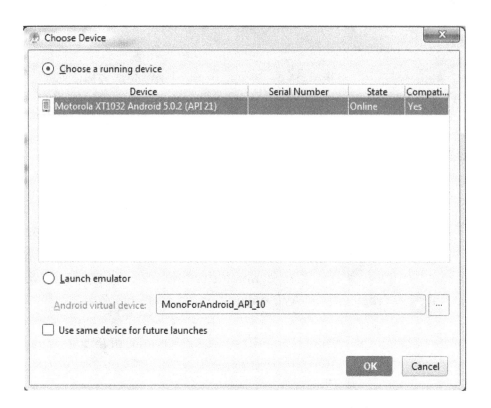

Passez votre téléphone en mode débogage et connectez-le en USB. Lorsque vous compilerez, votre téléphone sera automatiquement ajouté à la liste. Sélectionnez-le, l'application se lancera automatiquement sur votre terminal.

Rendre son application disponible en plusieurs langues

Comme vous le savez, Google Play permet de proposer votre application dans le monde entier, mais à quoi cela sert-il si celle-ci n'est qu'en français ?

Nous allons voir comment traduire votre application en fonction de la langue du terminal.

Le fichier String.xml

Il est situé dans le répertoire res/values. Celui-ci contient toutes les phrases présentes dans votre application, du moins il les contiendra après ce chapitre. Nous pouvons dupliquer ce fichier afin d'en créer un pour chaque langue désirée.

Comment entrer votre texte dans le fichier strings.xml ?
Il y a deux solutions :

- Lorsque vous passez par le layout, cliquez sur l'icône à côté de chaque élément, le texte que cet élément contient apparaîtra dans votre string.xml. Dans Resource Name, inscrivez un mot qui vous permettra de reconnaitre votre phrase.

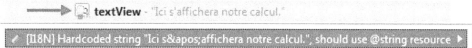

- Lorsque vous écrivez un texte via le code JAVA, il va falloir manuellement créer une ligne dans le fichier string.xml puis le « relier » à votre code.

```
<string name="NOM_DE_VOTRE_TEXTE">Ecrivez votre texte
ici.</string>
```

Pour afficher votre texte en JAVA, vous devrez entrer ceci à la place de votre texte.

```
R.string.NOM_DE_VOTRE_TEXTE
```

Voici un exemple concret. Je veux afficher « Bonjour » sur à l'accueil de mon application, je crée une ligne dans le fichier string.xml.

```
<string name="Texte1">Bonjour</string>
```

Puis j'affiche mon texte comme ceci :

```
textView.setText(R.string.Texte1);
```

Maintenant nous allons créer une deuxième langue.

Pour créer votre deuxième langue, vous allez faire un click droit sur votre fichier strings.xml puis le coller dans le même dossier (le dossier values).

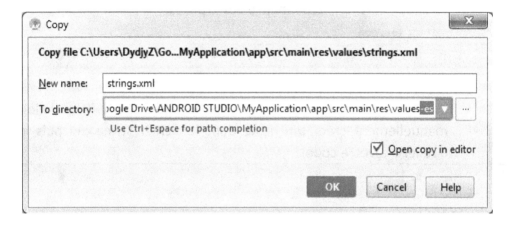

Lorsque la fenêtre qui vous demande le chemin pour coller le fichier s'ouvre, vous allez rajouter un tiret puis la langue désirée, par exemple – en pour anglais et –es pour espagnol. Un second fichier strings.xml apparaîtra avec un drapeau.

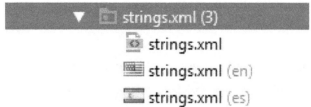

Au démarrage de l'application, celle-ci reconnaît automatiquement la langue du système et utilise le bon fichier strings.xml.

Utilisons les fonctions physiques du téléphone

Utilisation des touches physiques du téléphone (Volume haut & bas, Retour et tactile)

Nous allons voir ici comment utiliser les touches physiques de votre terminal, à savoir les touches de volume et la touche de retour et le tactile.

Pour commencer nous allons créer une activité vide avec un textlabel. Celui-ci nous servira à montrer l'action exécutée par l'utilisateur.

Comment savoir quelle touche a utilisé l'utilisateur ? Grâce aux classes OnKeyDown() et OnKeyUp() qui sont extrêmement simples à utiliser.

OnKeyDown est déclenché quand l'utilisateur presse une touche ;

```
@Override
public boolean onKeyDown(int keyCode, KeyEvent event) {

    switch (keyCode) {
        case KeyEvent.KEYCODE_BACK:
            actionLabel.setText("Touche retour pressée");
            Toast.makeText(this, "Appuyez une seconde fois
pour quitter", Toast.LENGTH_SHORT).show();
            counter++;
            if (counter > 1) {
                super.onBackPressed();
            }
            return true;
        case KeyEvent.KEYCODE_VOLUME_UP:
            actionLabel.setText("VOLUME UP pressé");
            return true;
        case KeyEvent.KEYCODE_VOLUME_DOWN:
            actionLabel.setText("VOLUME DOWN pressé");
            return true;
    }
```

```
        return super.onKeyDown(keyCode, event);
}
```

Et OnKeyUp est déclenché quand l'utilisateur relâche une touche ;

```
@Override
public boolean onKeyUp(int keyCode, KeyEvent event) {
    switch (keyCode) {
        case KeyEvent.KEYCODE_BACK:
            actionLabel.setText("Touche retour pressée");
            return true;
        case KeyEvent.KEYCODE_VOLUME_UP:
            actionLabel.setText("VOLUME UP pressé");
            return true;
        case KeyEvent.KEYCODE_VOLUME_DOWN:
            actionLabel.setText("VOLUME DOWN pressé");
            return true;
    }
    return super.onKeyDown(keyCode, event);
}
```

Pour faire simple, lorsque l'utilisateur interagit avec son terminal, OnKeyUp() et OnKeyDown sont systématiquement appelées., Nous mettons par la suite simplement à jour le TextLabel affichant la touche pressée ou relachée.

Dans le cas de la fonction tactile du terminal, nous allons utiliser la classe OnTouchEvent() :

```
@Override
public boolean onTouchEvent(MotionEvent event) {
    float x = event.getX();
    float y = event.getY();
    actionLabel.setText("Tactile pressé à x: " + x + " y: "
+ y);
```

```
        return true;
}
```

Le vibreur

Activer le vibreur du téléphone dans votre application peut être très utile, par exemple pour avertir l'utilisateur d'un évènement, d'un changement quelconque dans votre appli... Rassurez-vous il est très simple à mettre en place, commençons par demander la permission :

```
<uses-permission
android:name="android.permission.VIBRATE"></uses-
permission>
```

Après avoir fait cela nous allons créer une variable de type *Vibrator* que vous allons associer au vibreur de notre téléphone.

```
Vibrator vib;
vib= (Vibrator) getSystemService(Context.VIBRATOR_SERVICE);
```

Puis vous pouvez lancer le vibreur quand vous voulez, n'oubliez pas de choisir le temps de celui-ci en milisecondes:

```
vib.vibrate(10000);
```

Le flash

Nombreux sont ceux qui ont voulu créer pour première application une lampe torche. Oui, mais comment ? C'est relativement simple, comme pour le vibreur. C'est une application simple à réaliser qui s'est déjà largement démocratisée ; de ce fait, il est inutile d'en créer une puis de la poster sur le store comme simple lampe torche, trop d'applications jouent ce rôle. Mais vous pouvez cependant utiliser le flash pour pleins d'autres choses !

Tout d'abord on demande la permission.

```
<uses-permission android:name="android.permission.CAMERA"
/>
<uses-permission
android:name="android.permission.FLASHLIGHT"/>
<uses-feature android:name="android.hardware.camera" />
<uses-feature
android:name="android.hardware.camera.autofocus" />
<uses-feature android:name="android.hardware.camera.flash"
/>
```

Pour faire fonctionner le flash, il faut utiliser les fonctions de la camera, car nativement le flash ne sert qu'à la camera.

```
Camera cam = Camera.open();
Parameters p = cam.getParameters();
p.setFlashMode(Parameters.FLASH_MODE_TORCH);
cam.setParameters(p);
cam.startPreview();
```

Puis pour l'éteindre :

```
cam.stopPreview();

cam.release();
```

Cependant faites attention, en fonction des terminaux, certains ne possèdent pas de flash, ou il ne fonctionne pas de la même manière !

Pour détecter si le terminal a un flash, on va créer une variable boolean : « private boolean flash »

On va ensuite mettre le résultat booléen de la fonction android qui vérifie si le terminal dispose d'un flash dans votre variable.

```
flash =
getApplicationContext().getPackageManager().hasSystemFeatur
e(PackageManager.FEATURE_CAMERA_FLASH);
```

Le GPS

Il peut être pratique dans certains cas pour votre application de savoir où est l'utilisateur, voilà comment obtenir la latitude et la longitude grâce au GPS :

```
final LatLng latLng = new LatLng(location.getLatitude(),
location.getLongitude());


double lat = location.getLatitude();
double lon = location.getLongitude();
```

La latitude et la longitude est donc maintenant contenue dans les variables *lat* et *lon*.

Simple, n'est-ce pas ?

Avec cette fonction les opportunités sont nombreuses ; créer un traceur GPS, un indicateur de vitesse kilométrique etc...

Les animations sous Android

Création d'une simple animation d'image

Nous allons voir ici comment réaliser une animation sous Android : « rotater » une image.

Pour commencer vous allez créer un dossier Anim dans votre dossier Res.

Vous allez ensuite créer un fichier XML au nom de votre animation à l'intérieur, moi je l'ai appelé « Rotator.xml ».

Commencez par déclarer que votre fichier est un XML...

```
<?xml version="1.0" encoding="utf-8"?>
```

Nous allons maintenant incorporer notre animation dans le fichier xml ;

```
<?xml version="1.0" encoding="utf-8"?>

<set
xmlns:android="http://schemas.android.com/apk/res/android"

android:interpolator="@android:anim/linear_interpolator">
<rotate

xmlns:android="http://schemas.android.com/apk/res/android"
    android:fromDegrees="0"

android:interpolator="@android:anim/linear_interpolator"
    android:toDegrees="720"
    android:pivotX="50%"
    android:pivotY="50%"
    android:duration="900"
    android:startOffset="0"
    />
<scale
    android:duration="600"
```

```
      android:fromXScale="0.1"
      android:fromYScale="0.1"
      android:toXScale="1.0"
      android:toYScale="1.0"
      android:pivotX="50%"
      android:pivotY="50%"/>
</set>
```

(En bas vous avez un lien vers d'autres animations !)

Concrètement, cette animation fera tourner deux dés et les fera grandir petit à petit. Tout cela sur environ une seconde et demie.

Maintenant il va falloir lancer notre animation ! ça se passe du côté du JAVA.

Rendez-vous dans votre activité et déclarez l'objet que vous voulez animer.

Nous allons charger notre animation :

```
rotation = AnimationUtils.loadAnimation(this,
R.anim.rotator);
```

Une fois notre animation chargée, plus qu'à la lancer !

```
des.startAnimation(rotation);
des2.startAnimation(rotation);
```

Personnellement j'ai placé mon animation sur un OnClick. Lorsque l'utilisateur appuie sur les dés, ils se mettent à tourner.

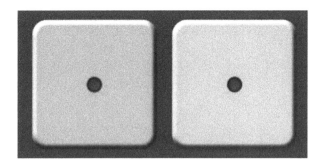

Cette méthode reste encore la plus simple pour créer des animations sous Android. N'hésitez pas à créer plusieurs fichiers dans le dossier Anim pour toutes vos animations !

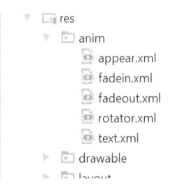

Quelles autres animations ?

Pour plus d'informations sur les animations disponibles, je vous conseille de visiter la doc de Google :
http://developer.android.com/guide/topics/resources/animation-resource.html

Voici des exemples d'animations prêtes à être utilisés : http://forum.xda-developers.com/showthread.php?t=2331728

Vous pouvez bien évidemment créer vos propres animations et modifier à votre guise celles existantes.

Afficher des images Gif dans une activité

Dans cette partie nous allons voir comment afficher une ou plusieurs images animés (Gif) dans une activité. Pour cela nous allons utiliser la librairie « Glide ».

Pour commencer et comme d'habitude lorsque l'on utilise une librairie, il faut l'intégrer à notre projet :

```
compile 'com.github.bumptech.glide:glide:3.6.0'
```

Après avoir synchronisé notre projet, nous donnons la possibilité à notre application de se connecter à internet dans le manifest :

```
<uses-permission
android:name="android.permission.INTERNET"/>
```

Rendez-vous par la suite dans le layout de votre activité puis ajoutez-y une ImageView :

```
<ImageView
    android:layout_width="wrap_content"
    android:layout_height="wrap_content"
    android:id="@+id/imageView1"
    android:layout_alignParentBottom="true"
    android:layout_alignParentRight="true"
    android:layout_alignParentEnd="true"
    android:layout_alignParentLeft="true"
    android:layout_alignParentStart="true" />
```

Passons maintenant dans notre fichier JAVA et importons la classe de Glide :

```
import com.bumptech.glide.Glide;
```

Récupérons par la suite notre image dans le script :

```
ImageView image1 = (ImageView)
findViewById(R.id.imageView1);
```

Et pour terminer ajoutons l'image Gif à notre ImageView :

```
Glide.with(this).load("http://media.giphy.com/media/R3S6MfU
oKvBVS/giphy.gif").into(image1);
```

N'oubliez pas que votre image sera téléchargée d'internet, du coup si le terminal utilise une connexion lente, celle-ci mettra un peu de temps avant de s'afficher...

Voici ce que l'exemple devrait-donner sur votre terminal.

Passer une variable d'une activité à une autre

Nous allons voir ici comment passer une simple variable d'une activité à une autre, un pseudo par exemple.

Nous commençons par enregistrer le contenu de la variable :

```
intent.putExtra("Pseudo", "Pseudodelutilisateur");
// Vous pouvez maintenant lancer l'activité suivante
```

Puis maintenant vous allons le récupérer dans l'activité suivante :

```
String Pseudo = intent.getStringExtra("Pseudo");
```

Voilà, c'était très simple mais également très utile !

Cette astuce permet simplement d'enregistrer une chaine de caractère de façon temporaire, pour retenir les informations de manière pérenne il vous faudra utiliser les bases de données.

Sauvegarder des variables de votre application

C'est vrai, le titre ne vous évoque sûrement pas grand-chose, mais je vous apprendre là une technique très utile pour enregistrer le contenu des variables que vous désirez, par exemple pour retenir les préférences de l'utilisateur (Son, vibreur etc) ...

Cette technique est très simple et est composée de deux parties : l'enregistrement de la variable d'une part, puis la récupération de celle-ci d'autre part.

Enregistrement de la variable

J'ai créé une classe pour pouvoir enregistrer mes variables plus simplement ;

```java
private void savePreferences(String key, String value) {
    SharedPreferences sharedPreferences = PreferenceManager
            .getDefaultSharedPreferences(this);
    SharedPreferences.Editor editor =
sharedPreferences.edit();
    editor.putString(key, value);
    editor.commit();
}
```

Elle s'utilise comme ceci :

```java
savePreferences("Vibreur", "Oui");
```

Vibreur est le nom de la variable à enregistrer, et Oui est son contenu. Vous auriez pu mettre un 1 pour Oui et un 0 pour non par exemple.

Récupération de la variable

Maintenant nous allons récupérer l'information au démarrage de l'application, pour savoir si nous pouvons ou non utiliser le Vibreur ;

```java
SharedPreferences sharedPreferences =
PreferenceManager.getDefaultSharedPreferences(this);

String Vibreur = sharedPreferences.getString("vibreur",
"Non");
```

Ici, la première ligne s'occupe de charger les variables enregistrées au préalable.

La deuxième ligne récupère le contenu de la variable « vibreur », dans le cas où rien n'a encore été enregistré au nom de cette variable, « Non » sera automatiquement ajouté dans celle-ci.

Utiliser les SharedPreferences est quasi-indispensable pour votre application Android, pour sauvegarder les paramètres de l'utilisateur (Quoi de plus énervant qu'une application qui ne sauvegarde jamais nos paramètres ?!).

Utiliser une police de texte personnalisée

Dans le cas où vous trouverez la police de base monotone, sachez que vous pouvez ajouter celle que vous voulez !

> app > src > main

Nom

assets
java
res
AndroidManifest

Pour commencer téléchargez la police TTF de votre choix, nous allons l'inclure à notre projet. Pour cela rendez-vous dans le dossier de votre projet puis suivez le chemin **app > src > main** et créez un dossier « Assets » puis le dossier « fonts » à l'intérieur, collez votre police dedans.

Nous allons maintenant créer un TextView tout simple.

Côté JAVA, nous allons appliquer la police de caractère à notre TextView ;

Ajoutez cette classe à votre activité :

```java
public void setFont(TextView textView, String fontName) {
    if(fontName != null){
        try {
            Typeface typeface =
Typeface.createFromAsset(getAssets(), "fonts/" + fontName);
```

```
                textView.setTypeface(typeface);
        } catch (Exception e) {
            Log.e("FONT", fontName + " introuvable", e);
        }
    }
}
```

Maintenant vous avez juste à déclarer votre TextView et à appliquer la police grâce à notre classe ajoutée précédemment ;

```
TextView textView2 = (TextView) findViewById(R.id.text1);

setFont(textView2, "font.ttf");
```

Voilà le résultat !

Police personnalisée

Publier mon application sur le Store
Publier une nouvelle application

Compiler mon application en version release

Pour commencer, nous allons créer un fichier keystore pour notre application, celui-ci – à ne surtout pas perdre – nous permettra de publier notre application et à éviter de se la faire usurper.

Rendez-vous dans le menu Build en haut de votre fenêtre puis cliquez sur Generate signed APK. Cliquez sur Create New et remplissez les informations.

- Key store path : où vous allez enregistrer votre fichier keystore.
- Key store password : le mot de passe de votre fichier, il sera à remplir plusieurs fois.
- Key alias : nom de votre application.
- First and last name, organisation etc ... remplissez au moins un de ces champs.

Validez, entrez ces informations à nouveau puis passez à l'étape suivante.

Dans certains cas, Android Studio vous demandera à entrer un Master Password.

Validez à nouveau, votre application va être compilé, ouvrez le dossier qui contient votre fichier APK, gardez-le de côté pour plus tard.

Créer mon compte sur le play store

Sachez pour commencer, que pour créer votre compte sur le google play store, il faudra payer 25$.

Rendez-vous sur cette page :
https://play.google.com/apps/publish/signup/ et connectez-vous à votre compte google, acceptez les conditions d'utilisation puis continuez. Vous allez payer 25$, ce sera le seul paiement à fournir pour le play store.

Nous allons maintenant publier notre application, rendez-vous sur la page d'accueil de la google play console.

Cliquez en haut à gauche sur « Ajouter une nouvelle application ». Choisissez la langue principale puis le nom de votre application et poursuivez en préparant la fiche de votre application.

Il va falloir entrer beaucoup d'informations !
Commençons par la fiche de votre appli ;
Le nom, la description, des screenshots de votre appli, une icône, une image promotionnelle… Classifiez votre application en fonction de son contenu.

Nous allons maintenant uploader notre application. Rendez-vous sur le menu à gauche et cliquez sur Fichier APK. Importez un nouveau fichier APK puis glissez-le dans l'encadré.

Déposez votre fichier APK ici, ou sélectionnez un fichier.

Parcourir les fichiers

Il va falloir remplir toute les fiches du menu à gauche, il sera impossible de rendre visible votre application tant que ce ne sera pas fait.

Une fois votre application en ligne, vous pourrez accéder aux statistiques et voir l'évolution de votre application.

Envoyer une nouvelle version de mon application

Vous pourrez également envoyer une nouvelle version de celle-ci, voici comment faire :

Etant donné que le google play gère les versions, pour pouvoir publier une nouvelle application, il va falloir changer sa version.

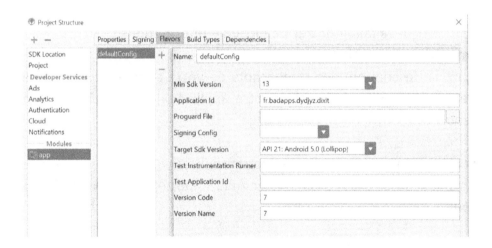

Rendez-vous sur Android Studio puis cliquez sur File > Project Structure > app > Flavors

Dans version code, changez le 1 en 2, et dans version name, mettez ce que vous voulez, c'est tout simplement le nom de votre version. Compilez votre projet comme nous l'avions vu précédemment puis uploadez la nouvelle version. Google Play peut mettre quelques heures avant qu'elle ne soit visible. Puis vous pourrez voir dans les statistiques le pourcentage des utilisateurs qui ont l'ancienne version et ceux qui sont passés à la nouvelle.

Comment monétiser son application ?

En fonction du public visé, de l'utilité de votre application, de sa catégorie, etc... il va falloir définir quelle sera la source de revenu de votre application.

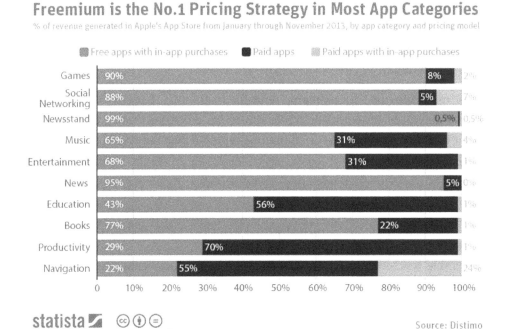

Freemium is the No.1 Pricing Strategy in Most App Categories

% of revenue generated in Apple's App Store from January through November 2013, by app category and pricing model

Free apps with in-app purchases ■ Paid apps Paid apps with in-app purchases

Category	Free apps with in-app purchases	Paid apps	Paid apps with in-app purchases
Games	90%	8%	2%
Social Networking	88%	5%	7%
Newsstand	99%	0,5%	0,5%
Music	65%	31%	4%
Entertainment	68%	31%	1%
News	95%	5%	0%
Education	43%	56%	1%
Books	77%	22%	1%
Productivity	29%	70%	1%
Navigation	22%	55%	24%

Voici les principales solutions :

Les applications totalement gratuites

Vous avez réalisé votre application pour le plaisir, vous ne voulez pas la monétiser cette partie ne vous concerne donc pas.

Les applications Freemiums

Les applications Freemiums sont certainement les plus répandues. Le principe est simple ; votre application est disponible gratuitement sur le Google Play Store, seulement pour pouvoir l'utiliser entièrement, il va falloir payer.

Le système Freemium peut être limité par un certain nombre de temps (gratuite pendant 7 jours puis payante) ou par options payantes (Par exemple dans notre jeu Frequency, les 3 premiers niveaux sont gratuits, mais il faut payer le jeu pour l'avoir en entier…).

Cette méthode est doublement rentable, car vous pouvez accessoirement afficher des publicités pour les utilisateurs ne souhaitant pas payer, cela vous permet quand même d'être un minimum rentable avec les *radins*.

Les applications Paymiums

Ressemble au système Freemium sauf que votre application est payante au départ, mais moins cher qu'elle devrait l'être… Vous comblerez ce manque dans la trésorerie par des achats in-app pour ENRICHIR l'application (Attention, pour ce cas-là il ne faut pas parler de limiter l'utilisateur puisqu'il a payé l'application, il faut lui parler d'enrichissement…).

Votre application attirera plus d'utilisateurs grâce à son moindre coût.

Ce système n'existe pas depuis longtemps et n'a pas encore fait ses preuves au niveau des statistiques de rentabilité...

Les applications payantes

Les applications simplement payantes : si vous n'avez pas envie de vous prendre la tête à proposer des achats in-app ou à proposer pleins d'options, vous pouvez proposer votre application en mode tout simplement payante ; Un seul achat pour profiter de l'application complète.

Attention tout de même, un utilisateur aura du mal à payer une application qu'il n'a pas pu tester et qu'il ne connaît pas, l'idéal étant de proposer une application payante lorsque vous avez déjà réalisé quelques applications qui ont fait leurs preuves.

Pour ajouter votre application en payante dans le Play Store c'est très simple ! Ajoutez simplement votre application sur le play store puis rendez-vous dans l'onglet « Tarif et disponibilité »

Fiche Google Play Store

Catégorie de contenu

Tarifs et disponibilité

Produits intégrés à l'application

Services et API

Vous pourrez ainsi mettre un prix à votre application pour chaque pays et chaque devise.

La publicité AdMob

Monétiser

Revenus estimés ?
521,70 €

Impressions ?
1 149 737

Méthode très rentable, notamment pour les applications dites « futiles », c'est-à-dire qui ne sont pas assez élaborées ou utiles pour être achetées par un utilisateur. Grâce à ce procédé, votre application affichera des publicité (vous pourrez choisir le format), chaque affichage de publicité est appelé une impression.

Nous allons voir ici comment afficher des publicités sur votre application.

Commencez par vous créer un compte sur AdMob (https://apps.**admob**.com/), vous pouvez utiliser votre compte Google.

Une fois sur l'interface membre d'AdMob, cliquez sur « Monétiser une nouvelle application ».

Entrez les informations relatives à votre application. Si votre application est disponible sur le Google Play, sélectionnez le premier onglet et entrez le nom de votre application.

Pour le format de l'annonce, sélectionnez « Bannière » pour commencer, entrez toutes les informations demandées. A la fin vous obtiendrez un code du type « ca-app-pub-XXXXXXXXXXXXXXXXX ».

Création de notre bannière

Rendons-nous maintenant sur notre projet. Nous allons commencer par afficher dans le Layout la bannière AdMob :

```xml
<com.google.android.gms.ads.AdView
    android:id="@+id/adMob"
    android:layout_width="fill_parent"
    android:layout_height="wrap_content"
    ads:adSize="BANNER"
    ads:adUnitId="ca-app-pub-XXXXXXXXXXXXXXXXX"
    android:layout_alignParentBottom="true"
    android:layout_alignParentLeft="true"
    android:layout_alignParentStart="true"
    android:layout_alignParentRight="true"
    android:layout_alignParentEnd="true" />
```

Rendons-nous dans le fichier JAVA de notre activité et importons les classes nécessaires :

```
import com.google.android.gms.ads.AdRequest;
import com.google.android.gms.ads.AdView;
```

Déclarons notre bannière :

```
AdView adView = (AdView) this.findViewById(R.id.adMob);
```

Puis après nous affichons la publicité dans notre bannière :

```
adView.loadAd(adRequest);
```

Création d'une publicité interstitielle

Le procédé n'est pas beaucoup différent pour afficher une bannière interstitielle (qui recouvre entièrement l'écran).

Tout d'abord il faut créer sur le site d'AdMob une publicité de type interstitielle, puis le reste se passe sur Android Studio.

Importons notre classe d'interstitielle :

```
import com.google.android.gms.ads.InterstitialAd;
```

Déclarons notre publicité sur notre fichier JAVA :

```
private InterstitialAd interstitial;
```

Affichons maintenant notre publicité interstitielle :

```
interstitial = new InterstitialAd(this);
interstitial.setAdUnitId("ca-app-pub-
XXXXXXXXXXXXXXXXXXXXXXX");
AdRequest adRequest = new AdRequest.Builder().build();
interstitial.loadAd(adRequest);
```

Bien évidemment, comme pour les autres techniques, vous pouvez vous référer à la documentation de Google pour avoir plus d'informations !

Comment promouvoir son application Android ?

Pourquoi promouvoir son application ?

L'application Android, peu importe son domaine, n'attirera pas les visiteurs comme par magie. Le Google Play est très efficace pour promouvoir son application Android mais ça ne suffit pas, pour augmenter le taux d'installation il faut utiliser d'autres méthodes que nous allons voir ci-dessous.

SI vous avez décidé d'utiliser des méthodes onéreuses pour promouvoir votre nouvelle création, n'oubliez pas qu'il faut qu'elle vous soit rentable d'une manière ou d'une autre pour pouvoir espérer un retour sur investissement.

Promouvoir votre application permettra de fait d'obtenir plus d'installations et donc d'augmenter le taux d'utilisation de votre application.

Cibler le bon public

Tout d'abord il va falloir cibler le public qui utilisera votre application. Ce n'est pas la même catégorie d'utilisateurs qui utilisera une application de révision du baccalauréat ou une application sur la préparation à la retraite...

Si votre application est déjà disponible au téléchargement et à déjà recueilli quelques utilisateurs, rendez-vous sur le Google Play puis cliquez sur l'onglet « Statistiques » de votre application ;

Vous pourrez de ce fait savoir quel est la langue principale de vos utilisateurs, la taille de leurs terminaux, leurs opérateurs... Tout est à prendre en compte pour obtenir un résultat optimisé.

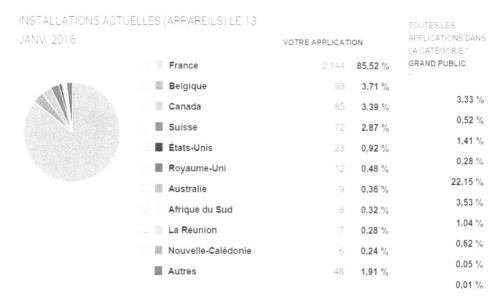

INSTALLATIONS ACTUELLES (APPAREILS) LE 13 JANV. 2016		VOTRE APPLICATION		TOUTES LES APPLICATIONS DANS LA CATÉGORIE " GRAND PUBLIC "
France		2 144	85,52 %	
Belgique		93	3,71 %	
Canada		85	3,39 %	3,33 %
Suisse		72	2,87 %	0,52 %
États-Unis		23	0,92 %	1,41 %
Royaume-Uni		12	0,48 %	0,28 %
Australie		9	0,36 %	22,15 %
Afrique du Sud		8	0,32 %	3,53 %
La Réunion		7	0,28 %	1,04 %
Nouvelle-Calédonie		6	0,24 %	0,62 %
Autres		48	1,91 %	0,05 %
				0,01 %

Proposer premièrement son application à un public test

Certes vos amis et votre famille peut tester votre application et vous donner des pistes d'amélioration, mais ce n'est vraiment pas le public idéal. Si votre application ne plait pas ils auront du mal à le dire. Tournez-vous plutôt vers une communauté de développement Android ou abordant le thème de votre application pour savoir ce qui ne va pas et régler les bugs ou fautes.

Encourager les utilisateurs de votre application à laisser un avis

C'est sûr, c'est agaçant ! Mais cette boite de dialogue est nécessaire pour rappeler aux utilisateurs de laisser un avis sur votre application ! Google Play apprécie vivement que les utilisateurs laissent des avis, cela peut nettement améliorer le référencement de votre application et la rendre plus visible sur le Store.

Si ce n'est pas sous la forme d'une boite de dialogue, envisagez au moins un petit bouton sur votre application.

Pour inciter les utilisateurs à voter, vous pouvez leur proposer un gain contre leur vote, Notamment si votre application est un jeu.

Prendre en compte les avis des utilisateurs !

Il est très important de prendre en compte les remarques des utilisateurs et d'améliorer votre application en fonction de ceux-ci. De plus, vos utilisateurs apprécieront d'avoir une réponse à leurs commentaires.

Organiser une campagne de publicité

Que ce soit en passant par Admob, par le Google Play, Facebook, Adword etc... Il peut être utile de faire de la publicité pour votre application, tant qu'elle rapporte par la suite ; la publicité est payante, il faut donc envisager une stratégie de retour sur investissement.

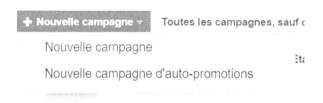

Dans le cas d'Admob, si vous possédez déjà une ou plusieurs applications qui cumulent des utilisateurs, vous pouvez élaborer une campagne d'autopromotion ; la publicité pour votre nouvelle application sera gratuitement déployée sur vos autres applications. (Page d'accueil Admob > Promouvoir > « Promouvoir une nouvelle application »)

Dans le cas d'une publicité Facebook, Adword et autres, vous pouvez saisir précisément le public qui verra vos publicités. Pour le réseau social, vous pouvez même cibler en fonction des loisirs, des lieux visités, de l'age...

Présenter votre application sur des plateformes adaptées

Le Google Play n'est pas la seule plateforme où vous pouvez proposer votre application !

Voici quelques plateformes alternatives :

- Amazon App Store
- SlideMe
- AndroidPit
- Opera Mobile Store
- Mobango
- App Downloader

- Yandex Store (Russie)
- ...

Il existe d'autres plateformes, notamment en Chine, mais la publication d'application dans ces plateformes-là est très difficile.

Le système de parrainage et l'organisation de jeux concours

Depuis le 20 décembre 2014, les organisateurs de jeux-concours en France n'ont plus besoin de déposer les règlements à une autorité juridique, et il n'y a pas besoin d'avoir un Huissier. Dans cette optique, l'organisation d'un jeu concours peut être une idée judicieuse pour faire connaître votre application, par exemple organiser un jeu concours sur un réseau social où il faut partager votre application pour pouvoir s'inscrire au dit jeu pour gagner un lot...

Pour un faible coût (le gain du jeu concours) vous pouvez obtenir d'innombrables installations... Pour exemple, nous avons récemment organisé un jeu concours pour faire connaître un de nos jeux disponibles sur Android, l'utilisateur avait juste à télécharger l'application, à cliquer sur un bouton dessus pour partager le jeu à ses amis et avait une chance de gagner une tablette tactile... ça a marché du tonnerre !

Optimiser les textes des pages de présentation de son application

Il faut optimiser les textes de la page de présentation de votre application pour deux raisons :

L'approche SEO

La page de présentation de votre application – comme n'importe quelle page internet – doit être référencée correctement pour pouvoir être trouvée facilement sur les moteurs de recherche (SEO signifie Search Engine Optimization), c'est pour cette raison qu'il va falloir entrer un maximum de mots clés concordant avec votre application pour qu'elle puisse être trouvée facilement.

Pour revenir sur le jeu dont vous avions organisés notre concours, il s'appelle « Frequency ». Or en tappant ce mot sur le Google Play Store, on tombe sur plusieurs centaines d'applications… Pour pallier à ce problème nous l'avons renommé « Frequency Rythm » puisque c'est un jeu de rythme, elle apparaît du coup en premier et peut être facilement trouvée pour quiconque entendant parler de ce jeu.

L'approche Copywriting

Qu'est-ce que c'est encore que ce charabia ? Pour faire simple, le copywriting est l'art de séduire avec les mots. Agencer subtilement vos phrases tel un sophiste pour donner envie à l'utilisateur de télécharger votre application. Je ne vais pas vous expliquer en détails comment faire ici car le copywriting est un métier… Je vous invite à vous rendre sur l'excellent site www.copywriting-pratique.com pour apprendre les bases !

Réalisez un test de votre application

Pour faire connaître votre application, rien de mieux que de réaliser une vidéo publicitaire ou de faire tester celle-ci par une personne renommée dans votre thématique. Il réalisera par la suite une vidéo pour votre application sur sa chaine YouTube. Un article sponsorisé est aussi une bonne alternative au test vidéo, publié sur un blog de la même thématique que votre application.

Les derniers mots...

Vous avez maintenant entre vos mains les bases du développement Android, vous permettant de créer des applications Android perfectionnées et surtout utiles.

N'oubliez pas que le développement d'applications Android peut être très rentable lorsque vous créez des applications utiles et mûrement réfléchies et monétisées, que ce soit grâce aux achats in-app, aux ventes pures ou encore grâce aux publicités.

N'oubliez pas que même si le principal est de créer une application géniale, il faut également garder beaucoup de temps pour en assurer la promotion ; En effet, si votre application est super mais n'a aucuns utilisateurs, vous allez au-devant de sérieux problèmes...

Créer une application Android

Dylan TEIXEIRA

Autres livres de Dylan Teixeira...

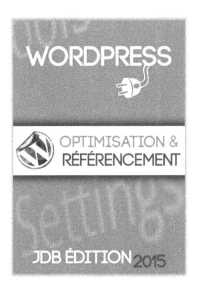

84